청어詩人選 68

길에서 길을 물었다

| 이정희 시집 |

청어

길에서 길을 물었다

이정희 지음

발행처 · 도서출판 **청어**
발행인 · 이영철
기 획 · 강보임 | 김홍순
영 업 · 이동호
편 집 · 김영신 | 방세화
디자인 · 오주연 | 김바라
제작부장 · 공병한
인 쇄 · 두리터

등 록 · 1999년 5월 3일(제22-1541호)

1판 1쇄 인쇄 · 2010년 4월 15일
1판 1쇄 발행 · 2010년 4월 25일

주소 · 서울시 서초구 서초동 1588-1 신성빌딩 A동 412호
대표전화 · 586-0477
팩시밀리 · 586-0478

블로그 · http://blog.naver.com/ppi20
E-mail · ppi20@hanmail.net
ISBN · 978-89-93563-84-9 (03810)

길에서 길을 물었다

| 시인의 말 |

첫 시집을 내고도

작품에 대한 고뇌로 잠들지 못할 때가 많았습니다.

어떻게 하면 내 가슴속에 꿈틀대는 사유들을 끄집어내어

함께 나눌 수 있을까 생각하고 또 곰삭혔지만

부족한 것은 여전합니다.

그러나 저를 기억하는 분들과 함께 이 기쁨을 나누고 싶습니다.

두 번째 시집을 낸 이후에도

나의 고뇌는 멈추지 않을 것이기에

격려와 용기로 등 두드려주시면 고맙겠습니다.

2010년 4월

心香 이정희

c·o·n·t·e·n·t·s

1
마음으로 나누는 사랑

2
그곳에 가고 싶다

3
길에서 길을 물었다

4 깨달음의 꽃

5 뜬구름 인생살이

| 서문 |

인연 복을 중심으로 생각하면서

김년균 (시인 · 한국문인협회 이사장)

1972년에 문단에 데뷔하여 사십여 년이 흐르는 동안 나는 수많은 사람들과 인연을 맺었다.

돌이켜 생각해보면 인생에서 만남처럼 소중한 것은 없는 것 같다. 그러나 인연을 가볍게 맺어서 서로의 삶을 망쳐놓고, 원망의 길로 등 돌리고 떠나가는 불행한 사건들도 수없이 많이 보았다.

가끔씩 나는 복잡한 도심의 창밖을 바라보며 '인연'에 대하여서 깊이 생각해볼 때가 있다. 그럴 때마다 신에 대한 '감사'가 저절로 나온다. 다행스럽게도 나는 물질복은 없었지만, 좋은 사람들을 만나는 인복(人福)은 타고났는지 내가 만난 사람들은 악한 사람보다 선한 사람들이 많았고, 손해

주는 사람보다는 유익을 주는 사람, 거짓된 사람보다 진실한 분들이 더 많았다.

그들 중 일부는 이 세상을 떠나 그리워도 만날 수 없는 고인이 되기도 하였지만, 나의 기억 속에 고마운 분들로 각인되어 있으니 나는 얼마나 부자이며 행복한 사람인가.

함께했던 행복
아름다운 향기만 남겨두고
헤어지는 마음에는 그늘이 일렁인다

상생으로 다가온 인연
세상이 예쁘게만 보이는데
큰 행복 느끼는 기분
마음도 보름달이다

마음과 마음이 함께하는 기쁨
마주 잡은 손
세상이 포근하게 느껴진다

곁에만 있어도 그저 편안하여
모든 근심 걱정이 사라지는 건
복중의 복
상생하는 인연 복이려니

—「인연 복」 전문

이정희 시인은 불교적 믿음의 소유자라 그런지 '인연' 과 '복' 에 대하여 관심이 많은 것 같다.

자력으로 해탈을 추구하며 정진하는 불교는 이 세상을 고해(苦海)라고 정의한다. 그리고 인간이 겪는 고통을 크게 두 가지로 나누어서 신고(身苦)와 심고(心苦)로 구분하고 있다.

신고는 육체적인 고통이며, 심고는 정신적 고통이다. 이런 고통을 줄여주고 행복을 노래하도록 사랑으로 이끌어가기 위해 만남이 있고, 그 만남과 만남을 통해서 우리는 인연을 맺는다.

이 세상에서 인연이 아닌 것은 아무 것도 없다. 이정희 시인이 문단에 데뷔하여 우리 한국문인협회 회원이 된 것도 인연이고, 이 시집에 서문의 흔적을 남기는 것도 인연이다.

위의 시에서 말하고 있는 인연은 부부의 인연을 한 편 시로 표현하고 있는 것 같다.

4연으로 이루어진 작품에서 "곁에만 있어도 그저 편안하여 / 모든 근심 걱정이 사라지는 건 / 복중의 복" 이라고 말하고 있다.

시에서는 쉽게 표현할 수 있는 인연 복에 대한 내용이지만, 곁에만 있어도 근심 걱정이 사라지는 좋은 사람을 만나기는 매우 어렵고도 힘든 일이다. 나라는 존재가 누군가에게 그런 역할을 할 수만 있다면, 얼마나 좋은 일이며 축복된 사람일까.

사람을 만나 식사를 해도 오래도록 즐거운 사람이 있고,

서둘러 일어나 피하고 싶은 사람도 있다. 차를 마시며 이야기를 나누다보면 시간 가는 줄 모르는 사람이 있다. 누구나 좋아하고, 가까이하고 싶은 인격을 가진 사람이 되기 위해서는 '나'라는 이기적 단어보다 '우리'라는 상생의 법칙 안에서 생각하고, 판단하고, 행동해야 할 것이다.

이정희 시인의 시집 속에서는 그러한 성품과 인격을 만들기 위해 고뇌하고, 눈물 흘린 흔적들을 발견할 수 있어서 기뻤다. 시를 쓰는 시인은 작품에서보다 더 따뜻하고 넓은 가슴으로 독자들을 대하고, 이기주의적 사회에 유익한 목소리, 상생의 메시지를 외치는 유익한 존재가 되어야 할 것이다.

부디 타인에게 복을 전달하는 사람, 독자들에게 사랑받는 시인이 되기를 바라면서 시집 상재를 축하드린다.

• • • • • 길에서 길을 물었다

1
마음으로 나누는 사랑

곁에 있는 듯한
갯돌의 사랑 노래는
가슴으로 듣고
마음으로 나누는 사랑은
이미 그곳에
내가 머물렀노라고

길에서 길을 물었다

내 유년이 그리운 밤

풀벌레 합창소리는
밤이슬 내리게 하고
개구리들의 화음은 어릴 적
내 유년을 생각나게 합니다

작은 오솔길에 숨어
잔디와 잔디 묶어놓고
동무들 넘어지면 즐거워라 하하 호호
웃음소리 하늘로 퍼졌더랬습니다

별이 내린 정자나무 뒤에
꼭꼭 숨어 숨바꼭질하던
내 어린 날의 유년이
밤이슬 내린 풀잎에 젖어듭니다

담 벽 구석진 틈새 숨어 울다 들킨
귀뚜라미 따라 폴짝폴짝 뛰던 철부지
가을을 재촉하는 아스라한
내 유년이 그리운 밤입니다

당신과 나 사이의 샛강

어둠이 가시기 전에 포근히 당신을 안으리라
무거운 눈꺼풀 반쯤 내려 닫고
살금살금 조금씩
더듬고 더듬어 기어온다

시리고 아픈 팔부터
차례로 주물러 아래로 발바닥까지 꼭꼭 눌러본다
정성으로 주물러 마음을 얻으려 애를 써보지만
동태가 되어 굳어버린 왕비의 마음은 열리지 않는다

밤부터 기다린 애끓는 마음
방바닥에 깔아놓은 이불이 대신 하소연하듯이
어제부터 기다린 마음
훤히 날 밝아도 개켜 접지 못하는 이불이 누운 자리에
그 소망이 보인다

당신과 나 사이에서 흐르는 보이지 않는 샛강이 있어
다가가고 싶어도 가지 못하는 속사정이 있고
마음은 노력하고 몸은 사정없이 달아나버리는
열리지 않는 마음으로 용서할 수 없듯이
우리 사이 흐르는 샛강 천년이 지나면 마를거나

처음 그 마음처럼

맨 처음 만남을 생각할 때
그 추억은
참 아름답습니다

세월 따라 변해버린 관계를
생각할 때는
참 서글픈 기억이라고 생각됩니다

온 세상이 아름답게 보였던 처음
온 세상이 다 내 것만 같았던 처음
그 마음이 참 아쉽습니다

처음 그 마음을
오래도록 갖고 있지 못하는 이유
마음속에서 자라난 욕심이 크기 때문입니다

맨 처음 그 마음처럼
아름다웠던 시간을 보배로운 추억으로
간직할 수 있는 믿음 이제는 없는 겁니까

양파 같은 장모님

겉모습은 말괄량이
조용하면서도 드센 듯한
무늬만 천생 여자인 듯한 장모님

무척이나 쉬운 것도 같고
영원히 대적 못할 것도 같은
알다가도 모를 장모님

아리송한 표정
호기심 가득한 작은 눈
카리스마가 넘치는 장모를 보는 사위 눈빛이

장모님의 껍질을 벗기고 또 벗겨도
풀리지 않는 수수께끼
장모님은 양파 같아요 라고 훅 던지는
사위의 한 마디가
미끄럼을 타는 한나절이었습니다

골드미스 그녀

어디로 나이를 넘겼을까 먹었을까
도무지 믿기지 않는 순진함 속에 뺀질거림
서른세 해 동안 세상구경을 하지 못했나 봅니다

천천히 느린 행동들은
걸음마보다 조금 빠른 몸짓
스스로 성격이 낙천적이라 말하는 골드미스 그녀

말은 없지만
하나는 분명하고
두 개는 단순한 성격의 그녀였습니다

스스로는 공주과(科)에 푹 빠져버린 그녀
스모키 화장에 커다란 눈망울은
다양한 경험자로 보이게 하는 수수께끼의 그녀
분명 그녀는 골드미스였습니다

그대 뒷모습이

만나는 반가움은
뽀얀 네 얼굴만큼이나 상쾌했지만
기약 없는 이별은 마음에
상처만 남겨놓았어

살짝 잡은 손 네 체온이 전해지고
내 손등에 입맞춤은
부드러운 감촉으로
오랫동안 기억하게 했지

바쁜 네 발걸음에 마음은 섭섭해지고
떠나가는 네 뒷모습에서
떨어질 줄 모르는 내 눈에
깊은 아쉬움만 남는다

돌아서는 발길에
내 가슴은 생감을 먹다가 막힌 것처럼
너무도 무겁고 갑갑해서
마음을 풀었다가 쥐었다가
열었다가 닫았다가…

기다리는 여심(女心)

날마다 둥글게 부풀어 큰 사랑
무섭게 몰아치는 겨울바람 자장가소리
그대를 향한 여심은 지층이 쌓여가듯 높아만 갑니다

저물어가는 반쪽인 삶
미소 잃은 여심의 눈빛에 희미한 눈동자
그대 기다리게 하지 마오

계절의 끝 그리고 시작
열기 잃은 햇살 그리고 이글거리는 땡볕만큼
뜨겁게 솟아오르는 군불 같은 사랑

맑은 호수에 출렁이는 물결처럼
그대 기다리는 여심(女心)
여기에 있습니다

마음으로 나누는 사랑

밤바람이 살랑살랑
파란 잔디가
행복함으로 보이고

강 건너
가로등이 하나 둘
밤하늘의
별님에게 속삭일 때

곁에 있는 듯한
갯돌의 사랑 노래는
가슴으로 듣고

마음으로 나누는 사랑은
이미 그곳에
내가 머물렀노라고

남자의 눈물

타관 객지에서
가족에 대한 그리움
바람으로 맞이하며 삭이는
고독한 남자의 눈물이여

굵은 땀 흘리며
가족에 대한 사랑
가슴으로 품으며 남몰래 흘려 얼룩진
남자의 눈물이여

끝없는 희생
하늘을 몰라주는 서러움
남자의 가슴으로 감싸 안는 부서지는 마음
뼈마디에 고통이 따르는 남자의 눈물이여

홀로 남겨진 이국의 숙소
정이 그리워 서러움에 젖어
흐느끼며 토해내는 외로움
가엾어라 가엾어라 남자의 가슴앓이여

사랑의 미로

깊은 계곡 졸졸
흘러내리는 맑은 물
무채색의 사랑 순수의 미로

곧게 자라나는
꽃보다 아름다운 마음
그대 향한 눈길 끝닿은 곳 없어

희망의 미로
몸살 앓는 환희
그대 따뜻한 마음에 샘이 난다

생맥주 한 잔의 행복

열정과 사랑을
하나로 모아서
빨간 것은 눈으로 주고
핑크 빛은 마음으로 담고

뜨거웠던 마음 식혀주고
얼었던 마음 녹여주는
투명한 호리병에 담은 노란 보리 물
들이켜는 순간 시원한 바람
알래스카에 있습니다

친구도 좋고 애인도 좋고
피 같은 한 방울이
관계와 관계를 이어주는
인연의 끈을 만들어줍니다

사랑하는 연인에게는
당첨된 로또복권과 같고
노란 생맥주 한 잔의 기쁨에
행복한 하마가 되기도 하고
못난이가 되기도 합니다

오므라이스 사랑

천상에서 맺어진 알알이 엮은 사랑
새하얀 옥양목에 붉은 물감 들여
주홍빛 얼룩무늬
미끈한 하얀 비단의 아름다움이 멋있어라

발갛게 불태우는 정열의 빛으로
고소한 윤활유
참빗으로 빗지 않아도 윤기가 자르르
더 아름다운 여인의 모습

새콤달콤한 애교가 상큼해서
모양도 어여쁘게 쪽머리 뭉쳐
노란 보자기 예쁘게 단장하고
갈색 초콜릿색 고상하기도 하다

반짝반짝 미색 스프레이
색과 사랑의 조화로 맺어진 인연
천상에서 맺어진 희생과 희생으로 뭉친
맛과 멋이 있는 오므라이스 사랑

인연복

함께했던 행복
아름다운 향기만 남겨두고
헤어지는 마음에는 그늘이 일렁인다

상생으로 다가온 인연
세상이 예쁘게만 보이는데
큰 행복 느끼는 기분
마음도 보름달이다

마음과 마음이 함께하는 기쁨
마주 잡은 손
세상이 포근하게 느껴진다

곁에만 있어도 그저 편안하여
모든 근심 걱정이 사라지는 건
복중의 복
상생하는 인연 복이려니

새벽바다

이른 새벽
바다가 보이는 창가에서 아줌마커피와 함께
물렁물렁한 검고 커다란 묵 판을 보았다

긴 잠에 빠진 새벽바다가 부스스 잠을 깨는 순간
육각형 보석은 빛나고
물안개 속에서 피어나는 묵사발도 함께 빛났다

썰렁함과 고요함이
새털 같은 평온한 침묵으로 다가와
지그시 내 어깨를 짓눌러 고독의 자리에 앉게 한다

물안개 사이로 붉은 물감 물결 따라 퍼지며 반짝
세상의 모든 생물을 잠에서 깨우는 듯한
은빛 여울의 수줍은 미소는 새로 태어나고 싶은

살아 있는 모든 생명들의 존재를 과시하는
일상의 출렁임
반복으로 새 생명 탄생시키는 새벽바다에서 침묵하며
나 여기 있소 하고 말한다

가만히 놔두자

늦은 밤
가로등 불빛 아래서
내 발등으로 떨어지는 느낌표 하나

하나, 둘, 셋, 넷, 다섯
찬 바람이 휘잉 불고 지나간다
왜 이렇게 서 있는가

외롭다
지독하게 외로운 겨울바람이 지나간다
붙잡아볼까

아니다
그냥 지나가게 놔두자
내 힘으로 되는 건 아직 없으니까

내 친구 혜경아

너 떠나고 나에게 남은 것은
혜경이가 준 부부 커피 잔 세트
늘 너를 생각하게 했었던
네가 나에게 준 선물이었다

우리 아이들 다 짝지어주고
너랑 나랑 한 달에 한 번씩
여행하자던 그 말

아직도 내 귓가에서 내 눈에서
고운 네 미소와 함께
네 모습 그대로 들리는데
무엇이 그토록 바빠서 훌쩍 업혀간 거니

이렇게 추운 날 너 닮은 커피 잔에
따뜻한 너의 우정을 담아 목구멍 적실 적에
내 친구 혜경아
많이 보고 싶다 내 친구야

2
그곳에 가고 싶다

동그란 몽돌
바다와 해풍이 반겨주었던 그곳
그 몽돌들의 무덤가에 내 자리
그곳에 가고 싶다
몽돌이 나를 기다리는 그곳에

• • • • • 길에서 길을 물었다

사랑의 손으로

침묵이 무겁게 내려앉은 사각 공간에
햇살처럼 번지는 동그란 불빛

방울방울 뚜렷이 투명하게 떨어지는 무거운 침묵
슬픔으로 가득 메워진 마음으로
생각 없는 바보일 때

푸른 위생복에 하얀 마스크
백의(白衣)천사
고마운 백정의 손놀림
다시 태어난 세상에서 빛을 보았습니다

어찌해야 하나요

추억은 아름다운데
기억은 나를 슬프게 울리고
팔월의 땡볕은 밉기만 합니다

그대는 물새와 소꿉놀이하다가
그리고 잊었다가 잊었다가
아련한 추억이 가물거리면
나를 생각하겠지요

바람 불고 해 저물어 캄캄한 밤
밝은 불빛으로 다가오는 가로등처럼
더 뚜렷하게 보이는
그대와의 삶입니다

세월 가도 잊지 못할 이유가 되어
검푸른 밤하늘에 내 언저리에서 나를 꼬집는
저 둥근 보름달은 어찌해야 하나요

그날 밤

그날 밤 홍조를 띤 얼굴
기다란 가방을 어깨에 메고서
하얀 미소를 보이며 들어선 남자

적막을 깨고 들어선 그 얼굴엔
한잔 술의 얼큰함과
일상에 찌든 피곤함이 묻어 있었습니다

초보 마담의 서투른 솜씨
장식이 없는 엉성한 과일쟁반
촌스러움도 탓하지 않고
제값을 다 계산하고 간 그 남자였습니다

그날 밤이 생각납니다
세상물정 모르는 마담을 이해한 듯
하얀 미소를 남기고 간 그 남자의
고마운 마음이 생각나는 오늘 밤입니다

빨간 카네이션

어머니 가슴에 달린 빨간 카네이션 한 송이
어머니의 철부지 딸이었을 때 달아드렸었죠
철들고 가정 꾸려 행복했을 때는
어머니 그 빨간 카네이션을 잊고 살았죠
내 자식들이 달아주는 카네이션 받으며
부모 된 마음으로 자식의 마음 씀씀이가
내 가슴을 참 뿌듯하게 했었죠

지금 빨간 카네이션 청평 골짜기 요양원에 모셔두고
날마다 가슴앓이하는 못난 딸이 되어
죄스러운 마음으로 내 살점에 파랗게 멍들고 난 후
효도하고픈 마음이
목에 걸린 사나운 살쾡이의 이빨자국처럼
날마다 아프게 찌르지만 마음만 쫓아갈 뿐이죠

빨간 카네이션 오늘따라 더욱 곱기만 하고
미색 저고리 자주색 옷고름 끝동과 자주색 치마 입으신
젊은 어머니 모습이 생각납니다

세상에서 가장 행복한 사람

경적소리가 요란합니다
줄지어 달려가고 달려오는 불야성
떡시루의 수증기처럼 하얗게 피어나는
자동차 히터 수증기가 가래떡 같습니다

아직은 차가운 냉기가
살을 파고드는 사흘 남은 이월의 밤
아스콘도 추워 떨고 있는 첫 새벽에
귀가 길의 자동차들은 번개 불 같습니다

날마다 나에게 희망을 주는 사람들을 위한 준비
오징어박스 제육복음 핑크빛 살코기
갖은 야채 양념 싱싱한 재료들을 골라 담아
승용차 트렁크에 가득히 행복을 담았습니다

하루의 피곤이 쌓여도
피곤하지 않은 즐거움
내일이면 맛나게 먹어줄 사람이 많아
나는 세상에서 가장 행복한 사람입니다

양철지붕의 빗소리

양철지붕의 빗소리
외로워서 그리워서 잠 못 드는 밤
시린 가슴을 후벼 파는 빗소리

호우주의보
하늘에 구멍 난 물 폭탄 세례
양철지붕 아래서 새살 돋기 기다리는 끈기

양철지붕에 떨어지는 빗소리
그대와 떠나는 여행
달려가는 자동차 소리
행진곡 같은 행복한 가곡

비 그친 후
더 단단해질 굳은 땅
여린 마음에 희망 같은 꿈의 소리
양철지붕에 떨어지는 빗소리

그곳에 가고 싶다

그곳에 가고 싶다
지독하게 추워서 외로웠던 날
무작정 달려서 도착한 그곳에

동그란 몽돌
바다와 해풍이 반겨주었던 그곳
그 몽돌들의 무덤가에 내 자리

그곳에 가고 싶다
몽돌이 나를 기다리는 그곳에
영원히 돌아오고 싶지 않은 마음으로

나는 살고 싶다
내 마음을 닮은 몽돌과 함께
그곳에서 행복하게 살고 싶다

우리 인연 잊지 말아요

가득 고인 눈물이
쪽배를 띄울 만큼
출렁출렁 바다를 이룬다

검투장에서 그대 위한 신들린 칼날
너울너울 나풀나풀 춤을 추고
그대 위해 목숨을 걸었소

두 눈에 살기 가득
사내 가슴에 연정이 넘치고
나를 잊지 말라는 애절함이
가슴에서 메아리쳤소

이제는 제발 고난에 휩싸이지 말고
편하게 살아야 한다고
굵은 빗줄기 가슴을 적시며 하소연하는 정화아씨

어긋난 인생 맺지 못하는 인연
방해꾼의 심술에 깊은 상처로 남아
이승에서 못 피운 붉은 꽃 저승에서 피울거나

가장 편안한 곳

스스로가
울안에 가두어놓고
온몸에 쇠사슬로 족쇄를 채워버렸다

야생마의 진가는
시들어버린 야생화로 죽어갔고
낯익은 얼굴 찌든 미소가 슬퍼 보여

몸은 아래위 층을 오르락내리락
앞서가는 마음은
경부선을 달려 민자고속도로를 향하여 간다

가장 편안하게
가장 즐겁게
가장 행복하게 반겨주는 위안처
몽돌이 있는 곳으로

무등산 타고

살기 위한 수단으로
어쩔 수 없는 환경에서 시작한 음식장사
스스로 족쇄를 채워버려
단조로운 생활을 한 지 일 년이 되었다

때마침 겨울바람 쌩쌩 불어
명산에 눈보라 뽀얀 바람 일으키던
오랜만에 걸어보는 등산길에
내 발목이 수줍어 부끄럼 타던 날

하늘에 천사가 뿌린 정화수
꽃가루 되어 바람 타고 실룩실룩 내렸다
갑갑한 가슴속 두껍게 앉은 이끼 걷어내어
새 희망을 받아 뛰어 내려오던 그날

깎아 세운 주상절리
오뚝한 모습 보며 생각이 많았던 그날
기쁨과 슬픔이 교차하던 날
보이면 안 되는 것과 들리면 안 되는 것이
친하게 지내자고 조르던 그날
무등산에서 안개꽃 더미 속으로 빠져버린 날

커피가 주는 희망

적막함이 침묵하는 밤 깊은 시간
허전함이 발끝에서 올라옵니다
목구멍을 적셔줄 따뜻한 물
보글보글 수증기 뱉어내게 하고

기다란 노란 자루봉지 털어
블루 색 작은 잔에 담고
내 자존심까지 꿰뚫어볼 것 같은
얄미운 스푼으로 시름없이 저어봅니다

흩어진 마음 모아
모나지 않은 세상
둥글게 살라고
알맞은 비율로 섞어 달콤하고 고소한 맛 만듭니다

깔끔하고 담백함이
혀끝에서 함께 깨물어주고
카페인의 향기로 아름다운 세상에 함께 살자며
어제보다 오늘이 더 아름다워야 한다고 말합니다

새벽 성지에서

새벽하늘에 기력 빠진 달을 보면서
벤치에 앉아 마시는 한 잔의 달콤한 커피 향은
일상생활에서 느끼지 못했던 편안함을 얻게 했다

강바람에 실려 오는 소식
청평 호수에 이슬 품은 물안개는
넉넉한 그대의 사랑과도 같아
포근히 들려오는 맑은 종소리 위안 삼아
그대와 함께 새벽 성지에서
위하는 삶으로
참사랑으로 살고픈 마음
그날은 언제쯤일까

새벽 성지에서
서로를 위해주는 기도를 할 수 있는 그날을
나는 날마다 기다리고 있다

신촌의 그 길 따라

땅거미 밀려오는 이대 역
은근한 조명 받으며 뽐내는
유리 상자 안의 아름다운 웨딩드레스
나를 유혹합니다

영롱한 진주구슬 은은한 반짝임
신나는 훌라 춤
배꼽 보여도 예쁜 미니
활기찬 이십 대를 기억하게 합니다

신혼의 그림 행복한 사랑
인생 최고의 날이었습니다
붉은 심장 터지던 그때
정말 세상물정을 몰랐습니다

어둠이 무르익을 무렵
커다랗게 안아보고 싶었던 비명 같은 행복
가슴 가득히 지난 삶을 생각나게 합니다

어떤 여인의 이야기

지극히 부드럽고 온순했던
계산보다는 인정이 앞서는 여인
현실보다는 인정을 앞세운 천사

날씨의 변덕에
사나워진 파도처럼
때리는 파도가 밉지 않는 몽돌처럼

그렇게 살려고
하루를 열심히 일했지만
시끄러운 건 바람을 일으키는 얄미운 날씨

비는 내리고도 안 내렸다 하고
바람은 불고도 자고 있었다 하고
비와 바람의 사이에서
흔들흔들 바람이 불고 간다

봄바람

인연의 고뇌에서 따뜻하고 추웠던 날
외로운 투쟁의 길
모질게 얼어붙은 마음
기댈 곳이 필요했다

미지의 땅에서 일상을 이탈하려 했던 날
생과 사의 기로 결정의 순간
낯선 미지의 몽돌
가늘고 얇은 그물 같은 인연

늙지도 말고 아프지도 말고
지금처럼만 건강하라고
뜨겁지 않은 은근한 따뜻함으로
구수하고 맛있는 알밤을 구워낸다

못난이의 분별없는 행동
내 목에 쇠창살이 수없이 꽂히던 때
생각지도 못했던 축복이 내 품 안에
아, 나 지금 행복해
큰 소리로 세상에 외쳐본다

진고개의 가을단풍

해 질 무렵 가을
저녁노을 따라 산길로 집에 오는 길
곱게 물든 산이 아름답게 불타고 있었던
담 너머 앙상한 감나무에 달린
노란 단감의 진풍경이 더한 탓

소금강 입구
해발 1,000미터 정상에서 바라보는 노인봉 능선은
저녁노을의 빛을 받아 더욱 화려해진 화등 속처럼
호랑이 등허리의 유연함이 돋보이는 능선 따라서
진고개 내려가는 길

곱게 물든 단풍 터널은 혼자 보기가 아까워
몸살이 날 것 같아 호흡 곤란증이 온 것은
의사가 필요 없었다

평온한 저녁
오대산 입구에서 까무러치고 말았던 것은
스스로의 족쇄를 벗고 나와
자유를 반겨주는 아름다운 가을풍경에
온갖 허물 다 벗어던지고 흠뻑 취해버린
오대산 단풍 숲속에서

3 길에서 길을 물었다

지금 얻은 것은 무엇이며
나는 왜 이렇게 되었는지
홍련암에서 흘리는
이 눈물의 의미는 무엇이냐고
묻고 또 물었다

• • • • • 길에서 길을 물었다

바로 우리입니다

고운 색으로 물감 들인 옷이
물에 젖어 따뜻한 햇볕을 오래 보면
고운 색이 흐릿해져 낡은 색으로 바래지듯이
세월 가면 누구나 다 그렇게 늙기 마련인가 봅니다

노란 해바라기 해를 따라 돌며
겸손함 고개 숙여 다소곳하지만
그 햇볕에 예쁘고 고왔던 꽃잎은 마르고
알차게 익은 씨앗으로 한 계절 마감하듯이

갖은 풍상에 우여곡절 다 겪었어도
온실 속에서 행복했던 너였지만
한 가지씩은 남기려 애썼어도
세월 가면 낡고 빛바래어
소문 없이 사라지는 공평함입니다

하루 또 하루 해가 뜨고 해가 지면
처음처럼 이 세상에 늘 푸른 생명이 영원하도록
시간은 허락하지 않듯이
볼품없이 늙어 퇴색되어 사라지는 생명들
바로 우리입니다

닮은 얼굴

참 잘생겼다 그 얼굴
어디서 본 듯한 그 얼굴
안 보여서 못 보면
환장해버릴 것 같은 그 얼굴

하늘과 땅을 오가며
부지런히 쓸고 닦는 저 녀석
무척이나 낯익은 저 얼굴 볼 때마다
왠지 모를 뿌듯함에 힘이 솟는다

급한 용무에
손을 씻으러 화장실 갔을 때
무심코 들여다본 거울 속에서
그 녀석이 웃고 서 있다

내게 힘을 실어주던 그 녀석이
나를 보고 웃는다

봄바람의 유혹

봄바람 불어와
겨울잠에서 깨어난 몽돌
빨갛게 웃는 동백꽃이 아름답다

꽁꽁 얼었던 몸
아직도 차가운 파도에 맡긴 채
몸 풀어 노래하는 몽돌

넉넉한 포용력 깊은 속내는
다 털어내지 못했어도
가슴 부풀어 희망을 갖게 하는 몽돌

봄바람 불어와
유혹의 손길 따스한 남쪽 섬
빨갛게 웃는 동백꽃처럼 예쁘게 살아야지

그래서 고맙습니다

햇살이 은은하게 비추던 날

조용한 운전
많은 생각에 사로잡혔을 때

아, 감사합니다
덕분에 부족하지 않은 삶 살고 있어요
그래서 고맙습니다

차창 밖에 가로수 뒤로 밀려갈 때
아, 감사합니다
행복한 울타리 방어벽 만들어
표 나지 않은 보살핌
그래서 고맙습니다

세상을 강하게 살아갈 수 있도록
큰 힘을 키워주셔서
또 감사합니다

생각할 때 미웠던 얼굴
웃고 볼 수 있는 여유 깨어나
내 안에 갇혀서 밉게 굵었던 마음
두 팔로 억세게 안아주고 싶었습니다

기대고 싶은 마음

흘러가는 세월 속에
중심적 무게
중후한 인품으로 돋보여

조용히 다독여주는 마음속에
지극히 더해주는 사랑
나날이 커지는 기쁨 있어 좋은 날

텅 비어버린 가슴
기대고 싶은 고백 양말 속에 감추고
손사래 치며 마음으로 손짓하는
예쁜 마음 있습니다

봄날 첫 나들이

푸른 솔밭 가장자리 병풍처럼 펼친 성곽 따라 걷기
높은 곳에서 내려 보는 만족스런 기쁨이었습니다
강남에서 피어오르는 푸른 아지랑이는 편안함이었죠
남문에서 출발해서 서문 동문을 지나고
쪽문으로 보이는 옛 병사들과 민간인들의 그림자
과거와 현실과 미래를 보여주는 내 안의 그림처럼
하늘이 내려주는 꽃비는 축복이었나 봅니다

오르막길에 파란 늙은이는 지팡이가 그립고
내리막길 탄력 받을 때는 동심의 철부지로
달리는 마음과 마음이 부딪히며 내는 소리, 엄마야
목이 마르면 산중에 감로주 한 잔으로 세상을 적셔줍니다
고추장에 찍어 먹는 멸치의 감칠맛이 새로웠던 날
울안에서 묵은 이야기 참새 되어 재잘재잘 풀어헤치니
사람 사는 이야기에 흠뻑 취해버린 표정들이 재미있습니다

하늘 따라 걷는 성곽 남한산성 푸른 솔밭 사이 둔탁한 길은
근육과 혈액의 순환 같은 생명 연장의 포물선
순탄한 길이 되었던 평화의 휴전선처럼
봄날 첫 나들이는 우호적인 동맹의 결연 시작이었을까요

무상무념의 계절

봄날 겨울바람 부는 논바닥에는
그 가을에 분주했던 삶에 흔적이 고스란히 남았다
스산함이 겨울잠에서 깨어나지 않은 듯이

봄을 기다리는 밀짚모자 괭이자루
대풍을 소망하는 마음 빛나라
논두렁에 검은 연기 피어오름은
소망하는 굿거리장단이더냐

썰물에 드러난 갯벌 굴곡 진 언덕
여인의 볼기짝처럼 반들반들 윤기가 흘러
해풍은 살랑살랑 여시 같은 유혹으로 와 닿고

석포리 보문사 눈썹바위 올라서면
한눈에 보이는 석포리 앞바다의
더 넓은 고요가 햇살 속에 뿌옇게 피어나는
가을과 겨울 속의 봄날은
무상무념(無想無念)의 계절인가

길에서 길을 물었다

길에서 길을 물었다
지금
나는 어디로 가고 있는지

부처님께 여쭈었다
왜 그토록 부처님께 절절하게 하소연하며
기대어 얻고자 하였는지

길에서 길을 물었다
무릎이 벗어져 까지도록 절하며 합장했던
내 소원은 무엇이었느냐고

그리고 지금 얻은 것은 무엇이며
나는 왜 이렇게 되었는지
홍련암에서 흘리는
이 눈물의 의미는 무엇이냐고
묻고 또 물었다

길 한가운데 서서…

그곳에 가면

그곳에 가면
온 가슴이 넓어지듯이
편안하고 또 편안한 몽돌의 무덤 가까이에

그곳에 가면
왠지 모를 기쁨이 있을 것 같은
희망으로 찾아가는 그곳에 기쁨이

그곳에 가면
잔잔한 마음이 넘실넘실
갈매기가 끼룩끼룩 날갯짓하는 안도의 힘

그곳에 가면
내 그림자가 있다
따뜻하고 청량했던 풍경들과 함께

늘
가고 싶은 마음이 간절한
그곳에 가면 참 좋겠다
그곳에

등산길에서

파란 늙은이 지팡이가 생각나는
오르막길에서
내 손 잡아줄 네가 그립다

중늙은이 철부지 어린애 되어
발바닥에 붙은 바퀴 막 굴러갈 때
위험을 멈추게 하여 줄 네 마음이 그립다

인생길 힘들고 버거울 때
등산 중 가파른 길
샘솟듯이 흐르는 땀방울의 행복한 미소

느림과 기다림의 미학을 실습했던
힘들고 지쳐 정신이 혼미할 때
위험을 막아줄 넓은 가슴이 필요할 때
네가 더 많이 그리워진다

원효암 가는 길

꼬불꼬불
가파른 산길 따라
하늘 쫓아 올라간다

한 계단 한 계단
밟고 올라 설 때마다
내 마음 벌써 거기에 머무른다

낯익은 그 길 따라
새 각시 치마 펼친 모양
널따란 바위 위에 얹혀 지은 집

언제 와도
크나큰 미소로 반겨주는 곳
내 마음에 평화가 있다

차가운 마룻바닥
무릎 꿇고 단정히 앉아
두 손 예쁘게 마음까지 모은다

늦봄에 부는 바람
나뭇잎끼리 사그락 사그락
부딪히며 익어가는 사랑

원효암
봄 풍경 속에 내가 있다

백팔 배에 맺힌 땀방울

수락산 정상으로 가는
작은 오솔길
작년에 흩날린 낙엽의 무덤
밟으면 사그락 소리 낭만의 코끼리

오르막엔
날개 달아 훨훨 날아가고
내리막에선
가볍게 짊어지고 뛰어가는 코끼리

용굴암 부처님
반겨주는 눈빛에서 소망이 이루어지고
정성 담긴 백팔 배
송알송알 맺혀 흐르는 땀방울에
업(業) 씻겨 내린다

팔자소관 탓하지 말고
미인박명에 눈물도 흘리지 마라
전생에 지은 죄 업보 많아
고통은 현세에서 닦고
후세에 복 받으라 하시네

향기로운 산, 향적봉아

향기로운 산 향적봉
덕유산 정상에 피어난 새하얀 눈꽃
해맑게 웃는 아가의 입술 속에 숨어
솟아오른 첫 니(이) 같아

어여쁜 아기 보송보송한 살결 같이
천년 세월 유혹의 바람에도 흔들림 없이
늘 푸른 자태로
그 자리 지켜온 주목나무의 덕유산 사랑

슬픈 유월의 햇살이 따가운 땡볕에
호기심 많은 사람들의 시선 같이
주목나무 가지에 살짝 등을 기대어볼까
그 겨울에 행복했었던 호랑나비는
햇빛 속으로 날아간다

계단 위에 찍혀 사라진 사연 많은 발자국들
붓 없이도 화폭에 가득히 담을 수 있어
오색만추 갈바람에 흔적이 지워져도
흔들리지 않고 영원히 살아 있을 아름다운 추억아

아, 덕유산아
향적봉아

휴게소의 나그네

호남고속도로 직선거리에는
재잘거리는 이야기꽃 활짝 피었다
웃음소리 끊이질 않는
서풍이 부는 계룡휴게소에서

비에 젖은 가로등 시샘하는
잔잔한 나뭇가지에서 떨어지는 빗방울
흔들리는 잎새의 초여름 밤
초저녁 풋풋한 사랑이야기 엿듣는 귀가 즐거워라

흠뻑 빠진 이야기 속 세상
전등불 꺼지는 밤
길손이 모두 떠난 텅 빈 자리
처량한 나그네 갈 곳이 없어

붙잡아 함께하고픈
간절한 소망 뒤로 숨긴 채
갈 곳을 몰라 방황하는 나그네
여기 있어…

나는 정말 모른다

생선가게 앞에 어슬렁거리는 고양이 같이
어제도 오늘도
주인이 나가기를 기웃거리는
별난 호기심에 코를 벌름거리는 수고양이들

저 멀리에서 곧 덤벼들어 포식할 것 같이
캄캄한 밤 저만큼 숨어 기다리다
사랑스런 애마 단단히 고삐 매어놓고 현관문 열면
빠른 손놀림에 부적절함 기억하는 불법이 탄생한다

어디를 가서 무엇을 하는지
관계없는 사람들의 관심거리 관계 만들기
심부름값 검은 경계 온전한 사람 황폐화 되는 정신세계
이유 없는 죄목 앞에 방황하며 죽어가는 생명이 있다

어디에 가면 찾아주나
무언의 총살 당하는 이유 알고 있는 사람 누구 없나
쫓는 자와 쫓기는 자의 전쟁하는 이유 무엇인지
나는 정말 모른다

이 세상에 영원한 것은 없습니다

이 세상에 영원한 것은 없다
처음에 그 뜨겁던 사랑도 영원하지는 않더라
날마다 꽃밭에 물을 주듯이
캄캄했던 그믐날 밤이 보름날 밤처럼 밝아지듯이
그렇게 애쓰고 또 애써야 하는 것이지

이 세상에 영원한 것은 아무것도 없더라
그대 아니면 죽을 것 같은 내 사랑도
사과 열매가 봄부터 시작하여
가을에 붉게 익어가듯이
날마다 조금씩 빈 가슴을 찾아 채워주어야만
발갛게 발갛게 익어가더라

이 세상에 영원한 것은 없더라
모든 생명이 변하듯이
돌고 돌아서 제자리에 오듯이
사랑하는 마음도 세월이 가면 변하게 되더라
맑은 날에 비가 내리듯이
바람과 눈보라가 칠 때도 있었더라
사랑 항상 맑고 따뜻한 봄날만 있는 것은
아닌 것 같더라

하여 이 세상에 영원한 것은 없었더라
내가 가진 것과
당신이 가진 것과
우리 모두가 가진 것까지도

망념 속에서

어리석지 않으면
어두움은 없을 것이다
기적은
나를 깨우치게 하는 것이라고

잘 살기 위한 전쟁
잘 되기 위해서 남을 괴롭히지만
마음이 없으면
남을 위해 살 수 있을까

종교 철학 학문도
마음을 닦아야
올바른 길로 갈 수 있거늘

나를 버리면
내 속에 갇힌 의식의 눈이
세상을 바르게 보이게 할까
하늘과 땅의 차이는 이런 것일까

4
깨달음의 꽃

울적한 기분에
바닷바람이 좋았던 항구의 밤
세상을 원망하기보다는
미늘에 걸린 광어 한 마리
잊어버렸던 세월

• • • • • 길에서 길을 물었다

꽃잎이 피는 날

시샘하는 꽃바람에
초라해진 연분홍 꽃잎
아름다웠던 어제는 과거가 되어버렸다

내가 널 사랑하고
네가 날 예뻐하며 사랑했었던
관심과 관심으로 받쳐주어 아름다웠던 시간들

옛 이야기 재잘거리던 그때 언제이었던가
다시 돌아올 수 없는
함께여서 행복했던 시간들

바람에 날려 보내고 남은 이야기
웃음으로 다가올 때
그날 연분홍 꽃잎 피어나려나

입춘 날

혼사를 앞둔 딸아이의 삼재풀이를 하러
오랜만에 원효암에 올라갔다
이른 시간이라서 한적하고 호젓한 그 산길에
싱그런 바람이 지나갈 뿐이다
북한산 골짜기에 목탁소리가 울려 퍼지고
스님들 염불소리가 골짜기를 메웠다

한 계단 밟고 올라서고 뒤돌아보는 막내(강아지)
줄을 잡고 그 녀석을 따라가는 내가 힘이 부족했다
아무도 없는 그 산길 소나무 밑에 앉아서 이야기를 했다
막내야 힘들지잉 엄마 힘드니까 천천히 가아
막내 버리고 가는 일 없을 테니까 걱정 말고 알았지잉

쉬면서 올라가고 또 쉬면서 올라가는
계단이 너무도 가파른 곳이라
그 녀석도 힘들고 보살도 힘들고
암자 법당 앞 나뭇가지에 배낭과 함께 묶어놓고
다독여주고는 잠깐 법당에 들어가서
부처님께 인사만 하고 나올 테니 얌전하게 있으라고 했는데
심술 맞은 할아버지가 집적대었나보다

녀석 으르렁거리는 소리가 법당에까지 들려서 인사 외에는
더 이상 두 손을 모으고 있을 수가 없어 재빨리 나왔다
내가 신을 벗고 들어간 쪽을 눈이 빠져라 쳐다보는 이 녀석
나를 보자 반가워서 어찌할 줄을 모르며 겅중거리는 녀석
내리막길에서 녀석이 끄는 힘에 내가 미끄러져 넘어졌다

봄이 온다는 입춘 날씨는 포근해서 좋았고
막내 덕분에 오랜만에 아무도 없는 산길에서
모처럼 내 웃음소리가 허공을 가로질러
저쪽 산 너머로 날아간다

미운 일곱 살

어린잎처럼 깨끗하고 순수한 동심이었을
미운 일곱 살
회초리 걱정 해보았을까요

엉덩이 뿔난 망아지
튕겨나가는 청개구리 같은 나쁜 심술꾸러기
미운 일곱 살보다도 못할 때가 더 많습니다만

미운 일곱 살은 말썽꾸러기
죄 저지르고 눈치 살피다
무릎 꿇고 두꺼비 손 싹싹 비비는
동심이라도 있지요

엉덩이 뿔난 망아지
슬그머니 담 넘어가는 구렁이 닮아
화창한 날씨 선명하게 보이는 것은
검은 구름뿐입니다

집으로 오는 길

별이 총총한 밤하늘
강 건너 자유로의 가로등 불빛이 화려합니다
봄바람의 시샘에 결코 약하지 않은
활짝 핀 노란 개나리보다 더 진한 노랑 빛으로

덜커덩 덜커덩
한강 철교 강바람 갈라놓고 그 사이로 달리는 기차
화려한 서울의 야경이 눈부셔 다시 봅니다
유유한 한강물 내려다보는 마음에

조용한 미소가 흐르는 얼굴
고단한 삶의 표정은 하루를 잘 이겨낸 황제의 얼굴
철없는 낭자의 재잘거림은
넘치는 힘이 충만한 젊음이 있다는 증거입니다

다람쥐 쳇바퀴 굴리듯 바쁘게 보낸 시간마다
성실하게 투자했던 피곤한 몸뚱이
의자에 기대어 긴장을 풀어보려
한시름을 잊은 채 꿈속을 좇아갑니다

코뚜레 같은 삶

행복은
무쇠 솥 밑구멍에 붙어 있는
그을음 같은 것인가 봅니다
불평도 불만도 할 줄 모르는 침묵으로

삶은
황소 코에 끼워둔 코뚜레
춥고 더워도 싫고 좋아도
죽는 날까지 함께해야 하는 사명감 같은

아버지의 현실
소 등에 짊어진 멍에와도 같습니다
가족을 위해서
필연적인 충성을 아파도 해야 하는 의무감 때문에

시련과 고통은
어머니 닮은 인내하는 봉사와 헌신
젊음과 지혜로움
안전하고 든든한 어머니 마음과 같기 때문입니다

기분 좋은 아침에는

기분 좋은 아침은
언제나 하루를 살아갈 수 있는
벅차오르는 감격으로 희망을 줍니다

오늘도 어제처럼
열심히 살라고
온몸 뼈마디마다
힘을 꼭꼭 눌러 넣고 불어 넣습니다

기분 좋은 아침은
언제나 포근한 가슴과도 같습니다
찬 바람이 살을 파고들어도
따뜻한 난로 앞에 있는 것과 같기 때문입니다

기분 좋은 아침은
왠지 모를 믿음과 희망을 주며
편안하게 기댈 수 있는
언덕이 되는 편안함이기도 합니다

기분 좋은 아침에는

깨달음의 꽃

가끔씩
한가한 시간 생각이 납니다
캄캄한 항구의 등대 불빛은
무지했던 삶의 행진을 돌이켜보게 했습니다

울적한 기분에
바닷바람이 좋았던 항구의 밤
세상을 원망하기보다는
미늘에 걸린 광어 한 마리 잊어버렸던 세월

쭈그러지고 접쳐진 혈관에 윤활유 넣어
다시 팽팽하게 힘 실어주었던 등대 불빛
살며시 찰싹대던
파도에 맡긴 몽돌의 몸 굴림을 보았습니다

어긋나 비틀어진 마음
순종의 의미는 깊기만 하고
조용한 밤 해풍의 간지러운 깨달음에
곱고 고운 꽃으로 활짝 피어난 깨달음이었습니다

서리 맞은 무화과

늦게 열매를 맺어 못생겼나
못생겨서 늦게 열매를 맺었나
서리를 맞아 못생긴 무화과
시퍼렇다 못해 자주 빛으로 멍이 들은 무화과

올망졸망 매달린 형제들 틈에서
이리 치이고 저리 치여서 동네북이 되었나
아주 작고 못생긴 무화과
찢어지고 멍들고 찌그러지고

상처투성이에 딱지가 두껍게 덮여도
달콤하고 부드러운 속내는 일품
잘생기면 무엇하나 멋스러움이 있어야지
포근한 사랑 속살이 아름다운 무화과

진실한 속내는 누구에게나 아름다운 것
달콤한 행복은 부드럽고 편안한 것
꿈과 낭만을 만들어주는 무화과
생명력이 강해 못생긴 것은
흉이 아니란 것을 알았다

대청봉 정상에서

낮은 곳에서 높은 곳으로
평지에서 울퉁불퉁 구렁진 길도
계곡 따라 꿈에 그렸던 설악산
내가 너를 보러 왔구나

오색물결 가을바람에 즐거워라
자연이 다듬어놓은 예술 앞에
신선이 되어버린 그대와 나
천당폭포가 반겨주는 천불계곡에서
대청봉을 우러러 손잡아 이끌어주는 그대
그 안에 내가 포근히 쉬고 있다

정성과 인내가 없으면 보여주지 않는 신비로움
땀 흘리며 안간힘 쓰는 내 얼굴 위로 그대 미소가 있고
완강한 거부의 바람이 옷깃을 여미게 한다

저만큼 동해가 내 발 아래 누워 있어
자신감에 용기는 동해 용왕의 심부름으로 달려와
이 세상이 내 발 아래서 나를 우러러 보지 않느냐
쓸어안는 내 머리 위에 태양은 금빛으로 빛나는 그곳

아, 대청봉 그곳에 내가 머물렀었노라

산중 암자

아늑한 음지
언제인가 와본 듯한 느낌
주변의 환경은 사철 푸른 동백나무 울타리로
곱게 예쁘게 둘러싸여 있는 그 속의 백련사

바쁜 발걸음에 아쉬운 이별이 서러워서
수북이 쌓여 갖가지 모양으로 누운 노란 은행잎이
평온한 산중 암자에
이방인의 발걸음을 멎게 한다

계절의 의미를 잃어버린 철모르는 동백꽃이
시월 앵두 같은 입 벌려 노란 속을 보이며
이방인을 유혹하는 노을 지는 저녁나절에

머리가 땅에 붙은 듯 하얀 꽃 활짝 피워낸
야생차 속잎이 입 안에서 향긋한
산중 암자 백련사에 쉬어가라고
바람이 붙잡는다

청정바다에서 사랑을

해무(海霧)가 자욱이 내려앉은
참 아름다운 바다
잔잔한 수면 위로 낮게 나는
갈매기 한 쌍
행복한 그림으로 내 마음의 천장에 걸어두고

몽돌 위에 누워서 본
더 높은 하늘
하얀 새털구름이 바람에 흩날리는 모습
내 마음의 풍경이 바로 여기란다

태초의 그 모습 그대로
갖가지 몽돌들의 고향
자연이 베풀어주는 고마움에
다소곳이 감사의 무릎을 꿇어본다

호수 같은 바다에 떠 있는
통통배 위
어부들의 바쁜 손놀림을 보며
청정바다에 깊은 애정을 느낀다

삼재(三災)

들어오는 삼재(三災) 모두가 나를 버렸다
정을 끊는 사람들은
우주 블랙홀에서 온 괴물 같은 사람들

누운 삼재
침묵은 고요를 사기 치고
파란의 원인을 예고했다

나가는 삼재
애욕에 굶주린 짐승
내 목은 닭 모가지처럼 비틀리고 할퀴어
멍이 잠들 날 없었다

양심 없는 솥뚜껑
아침의 미소는
저녁에 내 피를 말리는 작업이었다

세월은 어디에서 놀고 보냈는지
보이지 않는 머리카락은
스스로의 꾀에 빠져버렸다

스물세 살 순정

스물세 살 꽃피는 순정
퇴근 길
두 시간 앞당겨 꽃집에 왔었다

안방 윗목에
처음 앉은 그 자세 망부석처럼
저녁 먹고 막차 타고 갈 때까지

지팡이에 힘 실은 할머니
자전거 뒤에 실린 갈치 국 끓여
모기향 피워놓고

미래의 굵은 밧줄 잡고
둥지 지어 예쁜 토끼 두 마리 잘 키워
에미라는 이름으로 여우 되고
에비라는 이름으로 봉사하는 성자의 마음으로

바람처럼 흐르는 것은

생각해보면 우리 인생이 긴 것 같지만
돌아보면 잠시 잠깐인 것이다
영원한 지상인인 줄 착각하고 살지만
참으로 짧은 인생이란 걸 아는 사람 몇이나 될는지

행복하게 살았던 사람에게도
영원한 행복은 있을 수 없듯이
불행하다고 푸념했던 사람에게도
영원한 불행은 없다는 것을

온실 속 화초는
영원히 초록빛으로 살지 않으며
세월 속에 나이를 먹지만
바람처럼 흐르는 것은
세월이 아니라 시간일 뿐이다

수락산의 기쁨

영하의 날씨 속에 활짝 피었다
겨울 칼바람에 만개한 인생화(花)
민속절 날 뭉친 따뜻한 마음
멍에는 칼바람에 날려 보내마

미끄러운 마사(磨沙) 길
바위가 많아 넘어질까 조심조심
흙 속에 묻힌 잔설의 날카로운 독기
유난히 반짝이는 음흉한 미소로 웃는다

바위 계곡은 밀어주고
바위 속에 묻힌 협곡은 당겨주고
아기 코끼리 닮은 바위 우러러 올려다보고
바지에 묻은 사랑스런 흙먼지는 영원히 털지 않으리

수락산 정상에서 바라본 기쁨
사방이 하얀 빌딩숲 조각공원
동동주 한 잔의 달콤함은
내 마음에 감동 환희(歡喜)가 출렁출렁

저 달을 보면

저만큼 높이 달려 있는 초승달
희뿌연 구름 사이로 칼날 같은 몸을 드러낸
봄비가 구름을 몰아놓고 떠난 자리에
살짝 숨어 나온 저 달이 나를 내려다보고 있다

저 달을 보며 가만히 생각에 머물러
월출산이 생각나고
두륜산 바위에 박아놓은 문고리도 생각나고
동백숲 속에 숨어 있는 부처님 안방도 생각이 난다

퇴근길에 마주친 칼날 같은 저 초승달이
승용차로 달리는 나보다 빠르게 내 앞에 서서
잊지 말라는 당부의 눈웃음으로
가물거리는 기억 속을 훤하게 비추어 준다

고마운 저 달이 가까이 내려앉아 장난을 청할 때
나도 따라 피식 웃었다
동백꽃 속살처럼 노랗게 웃는 저 초승달이
내 마음을 환하게 비추는 고마움에

길에서 길을 물었다

5
뜬구름 인생살이

가도 가도 끝없는 세상
내 마음속에서 뱅뱅뱅 돌고, 돌고
소리도 냄새도 뜻도
모르는 사람들
안 들리는 소리, 안 보이는 세상

다 그렇게 사는 거래

스물일곱 성인이라고 하기엔
아직도 너무나 철이 없는 딸
밀고 올라오는 부아를 누르고
서운한 감정 다독여본다

밤 아홉 시
조문 가는 서방을 쫓아
미친 척 뒤따라가지만
편치 않은 마음에 칼눈을 하고
굳은 표정이 돌과도 같다

초등학교 3학년 맏상주
어미 잃은 슬픔보다
장난기가 조롱조롱한 얼굴
이승 떠난 어미 영혼은 서럽고
살아남은 가족은 또 다른 삶이 있다

서로가 건강하면 그만인 것을
이기심만 가득한 배려 없는 사랑
무슨 욕심이 그리도 많은지
너는 빈껍데기로 날 놓지 않고
난 괘씸죄로 널 놓지 못한다

긴 겨울 지나서 봄 1

봄날
깃털처럼 가벼운 마음으로
사뿐사뿐 길을 가는데

오솔길 나뭇가지에
돋아난 새순들은
생명을 이어주는 호스 같아

봄바람
포근한 바람 좋은 바람
부드러운 바람 유혹의 바람
종류도 많아

화창한 날씨
저만큼 피어오르는 아지랑이
아롱아롱 봄볕에 기대어본 마음

긴 겨울 지나서 봄

긴 겨울 지나서 봄 2

날마다 엄동설한 혹한의 추위에서
겨울 지나고 올 새봄을 모진 마음으로 기다렸다
부드러워 보이지만 억세고
약해보이지만 강한 정신력으로
긴 겨울 지나고 올 새봄을 혀끝을 깨물며 기다렸었다

책갈피에 묻어둔 지난 가을 나뭇잎
미운 것은 따내고 미운 것은 덮어두고
생각은 접어두고 생각은 날개를 펴고 훨훨
마음은 이불처럼 접어서 소중하게 간직하고
긴 겨울 지나고 올 새봄을
피눈물 삭이며 기다렸다

그 옛날 따뜻하고 행복했던 그 봄날처럼
내게 찾아올 새 봄날을 위하여

그대 닮은 태양

새벽에 동쪽 하늘
한 뜸 한 뜸 수를 놓은 동양 자수이듯
화려한 밑그림 붉게 타오르는 동그란 불덩이
발등에서부터 천천히 올라오는 큰 불덩이

아득히
먼 바다 수평선에서 끓이고 익힌
내 심장에서 끓기 시작하여
식혀지지 않는 불덩이

해 질 무렵
서쪽 하늘 붉게 탄 노을에 묻어버린
가슴속에 가두어 가슴앓이로 성숙해져버린
그대 닮은 큰 태양이여

뜬구름 인생살이

바람 불어 비 오는데
흘러가는 물
변하는 세상
세월 따라 이마에 주름 잡히는데

늙어도 죽어도
마음은 처음 그대로 있고
가슴 치며 통곡하는 수많은 인생사
마음속에 한도 원도 일체로부터 떠난다는 것을

어디로 가고 어디에 있는지
안 들리는 소리, 안 보이는 세상 인생사 마음에 담고
잘났다 못났다 시비하지 마라
잘난 것 없는 허수아비 인생인 것을 모른다

가도 가도 끝없는 세상
내 마음속에서 뱅뱅뱅 돌고, 돌고
소리도 냄새도 뜻도 모르는 사람들
안 들리는 소리, 안 보이는 세상

보지도 말고
듣지도 말고
불평도 말고
안 들리는 소리, 안 보이는 세상 인생
그냥 살아보자, 살아보자

아름다운 만남

그대를 생각하면
언제나
힘이 솟는 행복이었지

그리움에
찾아간 과거의 땅에는
아름다운 추억이
눈물로 얼룩지게 합니다

빨간 장미꽃 한 다발 안고 찾아간
보고 싶은 당신의 안식처에는
차가운 외로움이
나를 더욱 더 슬프게 합니다

꼭
다음 세상에서는
나를 위해서 살겠다는 약속을 하며
사랑하는 당신 곁에 영원히 잠들려 하오

영원한 나의 아저씨
당신을 사랑합니다

밀물 같은 사랑

밀물 같은 사랑
무던한 침묵
포근히 맞는 갯돌의 노래
여행 떠나는 파도의 신고식이 철썩

노란 그물망 손질하는 어부의 마음
작은 통통배 힘찬 전진
호수 같은 바다에서
깨달은 삶이여

아, 빛나거라
밀물 같은 사랑이여
아, 빛나거라
밀물 같은 내 삶이여

설악의 단풍

밤안개를 헤치고
설악의 단풍 구경을 떠났다
잠이 설익어 투덜거리는 아들을 벗 삼은
발걸음에 힘이 솟는다

가을바람과 파란 하늘
절경마다 감탄사 웅성거림
아름다운 우리 강산
깨끗하게 아껴야지

양쪽 희운각 대피소 계곡
하얗게 보인 속살은
지난 장마가 남기고 간 앙상한 뼈대를 보인 계곡
그 흉터에 앉아 행복한 사람들 수용소의 피난민 같아

하늘 아래 대청봉
아름다움 능선 따라 밟아 보고픈 마음
행복한 경치는 가슴에 찰깍 새겨두고
울긋불긋 단풍구경 만족한 상이군인 닮았다

안개비 내리는 천관산

비탈길 따라 빠른 발걸음
앞선 사람 따라 산으로 들어갑니다
가쁜 숨 몰아쉬며
턱에 걸친 힘겨움 지팡이에 실었습니다

이슬비에 걸린 안개가
소리도 없이 사뿐히 내려앉아
솔잎에 매달려버린 빗방울 연인
큰 사랑을 키웁니다

색색의 단풍이 애교스러운 오솔길
젖은 속살이 보일 듯 말듯이
산꼭대기에 흐느적거리는 억새풀 축제
갈색 수줍음이 향기롭습니다

안개 속에 피어난 그리움
나그네가 찾은 자유
안개비에 젖은 참 아름다운 억새의 수줍음은
나그네의 행복이었습니다

천관산
억새 축제가 만들어준 자유
아, 자유, 자유여

쉰두 살의 자격증

여자에게 자격증은 집 한 채와 같습니다
남자에게 자격증은
평생의 일터를 지켜준다는데

비좁은 공간 작은 독방에서 열정
젊은이에게 밀리지 않으려는 노력은
하얀 머리 이모작이 존경스럽기만 합니다

자신과의 싸움은 삶의 의지이며
혼자만의 투혼은 중년의 외로움
그 힘든 역경은 자신밖에 아무도 몰라

내면의 수업이 없으면
지식도 없고 인품도 없다는 것
쉰 살의 자격증은 가족의 생계를 짊어진
가장의 자아실현일 것입니다

춤추는 카페리 호

물풍선 탄 것 같은 간지러운 느낌
고무풍선을 가슴에 달아서
숨어든 바람에 날아갈 것 같은 행복한 표정들

많고 많은 사람들의 손의 손에는
미지의 섬 울릉도를 향한 설렘이 무거운데
날개 달은 신발은 오뉴월 농사철보다 더 바쁘다

망망한 수평선
쪽빛바다에는 넘실넘실 별이 총총 빛나고
아름다운 은빛 은하수는 어서 오라 손짓한다

느림의 미학이라 했던가
울릉도 행 카페리 호의 속력은 울렁울렁 속 쓰림
바람아 바람아 애정은 멀고
기다림은 사랑이었다고 전하여다오

천국 행 급행열차

캄캄한 내일이 싫어서 그만
생각과 행동이 일치했었던 그날 밤
천국 행 급행열차를 타보았습니다

잔가지가 너무도 많아서
바람 때문에 어지러웠고
그래서 바람을 잠재우고 싶었던
홀가분하고 싶은 마음으로 탔던
천국 행 열차는 완행열차였나 봅니다

급행열차였다면
오랫동안 삭인 가슴앓이
한순간에 잊어버리고 싶었던 마음을 실어가
천국에 내려놓았으면 좋으련만

아무나 갈 수 없는 천국
하나님은 착하고 고운 나를 입성시키지 않았습니다
다음 길일을 잘 알아보라고 하고서

바람이 만들어준 행복

바람 불어 가슴이 찢어지던 날
지탱할 수 없는 외로움
나 홀로 우주의 미아일 때
하늘이 내려주신 큰 선물 받았습니다

분별없는 태풍이 무서운 악마로 돌변할 때
나를 포근하게 다독여준 사람
기댈 곳이 없어 방황하며 허우적거릴 때
따뜻한 위로 아끼지 않던 영혼을 만났습니다

모두가 다 나를 버렸을 때
내가 혼자라고 넋두리할 때
내 입가에 미소를 만들어준 고마운 영혼
살면서 절대 잊어선 안 되는 영혼이었습니다

내 마음이 엄동설한일 때
울타리 안의 애착 버리지 못해 습관처럼
내 마음이 허공을 떠돌아다닐 때
나를 살려준 생명의 은인
바람이 만들어준 큰 행복이었습니다

파도에 씻긴 속마음

행복은 언제나
세상 모두의 곁에 머물러주는 것은 아니었어
행복했던 어느 날
갑자기 먹구름 몰려와 천둥 치고 비가 내렸지

오라는 곳 없고
찾아갈 곳 없는 때
공허함이 온 세상을 겨울바람으로 몰아치던 날
미지의 여로에서 몽돌을 만난거야

세상에 못하는 이야기
몽돌에게 재잘재잘 마음을 풀었고
마음으로 찾아가고 마음으로 위로받으며
얽인 실타래의 매듭을 찾으려 애썼지

쏟아지는 비를 피하려
허기진 마음이 혼란스런 세상을 향해 소리쳤어
파도에 씻기어 속을 내비친 몽돌처럼
모나지 않은 삶을 살았노라고

회상

탄생의 깊은 의미 꽃피우던 날
하얀 안개꽃
송이송이 활짝 핀 꽃망울을 보았습니다

푸른 숲의 녹음 속으로
유월의 장맛비 하염없이 내리던 날
붉은 장미꽃 송이송이 활짝 피었더랬습니다

온 산야가 붉게 불타는 낙엽
내 마음의 상심에 반쯤 핀 하얀 국화꽃
인내력 키우는 혹독한 훈련이었습니다

어느덧
칼날 같은 겨울바람 속살을 헤집을 때
겨울 바닷가 파도 몽돌의 기다림은
안타까운 눈물의 가슴 아픈 고행이었습니다

하얀 백련이 되라 하네

누군가에게 주먹다짐으로 화풀이하고 싶은 날이 있다
날마다 퍼부었던 언어폭력이 조각조각 부서져
부메랑에 맞아 발갛게 피멍이 들었을 때
아파서 미운 것인지 미워서 미운 것인지
밉다 밉다 밉다
소리쳐 악을 피웠던 날이 더 많았던 날
금방이라도 묻어버리고 싶었던 부아가
꽃잎을 따서 바람에 날려버리듯이
훅하고 불어버리고 싶었던 때가 많았다
조용히 바라보는 눈빛에서
충고하는 예쁜 입 덕분에 마음을 안정하고는 했다
백련처럼 하얗게 예쁘게 살라고 당부하던 좋은 사람
좋은 그 사람은 분명 나에게 숨구멍이었다
그 좋은 사람이 나에게
어제도 오늘도
백련처럼 지고지순하게 살라고 당부한다

| 서평 |

길 찾기, 혹은 길 위에서 방황하는 고독한 자아(自我)

– 이정희의 시세계

손희락

(시인 · 문학평론가)

1. 목마른 자화상

이정희의 시를 지배하고 있는 전체적인 이미지는 '길 찾기' 이다. 길을 찾다가 지쳐가는 시인의 목마름에 대하여 시세계에 접근하는 독자들은 주목할 필요가 있다. 그것은 화자의 개인적인 사유이며 고뇌이기도 하지만, 약으로 치료되지 않는 가슴앓이 병이기 때문이다.

심적 갈증의 고통을 호소하는 이 병은 길 위에서 태어나, 길 위에서 인생을 노래하고, 길 위에서 쓰러져, 길 위에 묻히는 운명에서 탈피할 수 없는 현대인들의 공통된 사회학적 병일 것이다.

화자는 지금 길을 찾기 위해 심한 갈증을 겪고 있다. 지독한 목마름에 시달리면서 틈틈이 써내려간 작품들

속에는 또 다른 이정희가 야윈 모습을 드러낸다.

시인을 기억하고 있는 눈빛들은 외적인 모습만 보고서 판단하고 접근하기 때문에 껍데기밖에 모른다. 향수와 화장으로 덧칠한 외적 모습은 엄밀히 말해서 참 자아가 아니기 때문이다.

슬픈 현실 앞에서도 웃을 수 있고, 큰 기쁨 앞에서도 거꾸로 흐느낄 수 있는 적절한 위장이 가능하지만 참 자아, 시적 자아는 그렇지 않다. 어쩌면 한 권의 시집 속에서 대면하는 화자가 발가벗긴 인간, 이정희의 실체인지도 모른다.

왜냐하면 한 편 시에는 시인의 총체적인 삶이나 인격, 내적 갈등, 애절한 비명소리, 서러운 눈물 등이 진솔하게 함축되어 있기 때문이다.

지극히 부드럽고 온순했던
계산보다는 인정이 앞서는 여인
현실보다는 인정을 앞세운 천사

날씨의 변덕에
사나워진 파도처럼
때리는 파도가 밉지 않는 몽돌처럼

그렇게 살려고
하루를 열심히 일했지만
시끄러운 건 바람을 일으키는 얄미운 날씨

비는 내리고도 안 내렸다 하고
바람은 불고도 자고 있었다 하고
비와 바람의 사이에서 흔들흔들 바람이 불고 간다

—「어떤 여인의 이야기」 전문

이 시에서 소개되고 있는 '어떤 여인'은 시인 자신으로 설정되어 있다. 자신의 체험이나 현실을 빗대어서 표현하고 있지만, 바람이 불고 비가 내리기 전의 모습과 그 후의 모습이 달라졌다는 것을 스스로 인정하고 있는 독백이다.

부드럽고, 온순하고, 인정 많고, 착한 천사 같이 그렇게 살기를 원했지만, 현실은 내버려두지 않는다. 화자의 갈등, 그 원천은 이런 심적 갈등이나 자아 모순의 충돌에서 출발하고 있는지도 모른다.

마지막 연에서 진술하고 있는 내용처럼 이 세상은 거짓과 위선의 바람이 불고 있기 때문이다. "비는 내리고도 안 내렸다 하고 / 바람은 불고도 자고 있었다 하고" 외적 상황이 거짓되기 때문에 비와 바람 사이에서 흔들리다가 그 모순의 원인을 찾아 떠나게 되었음을 유추할 수 있다.

하룻밤 내리고 그치는 비는 아니었을 것 같고, 잠시 스쳐가는 바람은 더더욱 아니었을 것 같다. 결국 위의 시에서 시인이 말하고 싶은 것은 '현실의 변화'이다. 삶에 대한 변화, 내면의 변화가 있었다는 사실을 잠깐 언급하면서 시적 상상력과 결합하여 변용의 형태로 드러낸 것이 이 작품이다.

이런 갈등이나 목마름에 시달리지 않는 현대인들은 거의 없다. 누구나 살아 숨 쉬는 존재라면 갈등에 시달리고 있고, 갈등에 시달리기 때문에 진리를 찾아 나서거나 삶의 본질을 찾아서 고뇌하며 방황하고 있는 것이다.

흠뻑 빠진 이야기 속 세상
전등불 꺼지는 밤
길손이 모두 떠난 텅 빈 자리
처량한 나그네 갈 곳이 없어

붙잡아 함께하고픈
간절한 소망 뒤로 숨긴 채
갈 곳을 몰라 방황하는 나그네
여기 있어…

—「휴게소의 나그네」 부분

이 시의 시적 정황으로 보아서 화자는 무작정 길을 떠난 것 같다.

깊어가는 밤 고속도로 휴게소에 정차한 후에 어디로 갈까, 방황하고 있는 모습이 탐색된다. 계속 여행을 할 것인지 아니면 포기하고 집으로 돌아갈 것인지. 휴게소에서 갈등하고 있는 모습은 고독한 자아의 극치를 드러내고 있지만, 그 목마름과 방황이 극심하다는 것을 표출하기에는 충분해 보인다.

장시간 운전의 피로를 풀기 위해 휴게소에 들르면, 잠시 쉬었다가 정해진 목적지를 향해 떠나가는 사람들이 대부분이다. 화자는 자신의 차 안에서 깊은 생각에 잠겨 있다. 그를 지켜보고 있는 것은 비에 젖은 가로등뿐이다. 이런 상태의 목마름이나 고독, 갈등의 심화는 인생을 살아가는 동안에 쉽게 오지 않는 상황이라는 것을 시적 이미지로 그려내면서, 마지막 행에서 "여기 있어…" 심리적인 상태의 암시 혹은 의식의 표정, 그 갈등을 담아내고 있다.

2. 사람, 자연에게 길을 묻다

이정희의 길 찾기는 내면의 고독과 영혼의 목마름에서 출발하고 있다.

목마름이 극심하기 때문에 견딜 수 없어서 사람을 만나 대화하고, 생수를 찾아 길을 떠나고 있지만 그가 찾고 있는 생수는 물질로 사거나 채울 수 없는 영적인 성질의 것이기에 이 세상에서는 영원히 얻을 수 없는 것인지도 모른다. 그러나 길을 찾기 위해 길을 묻는 고뇌의 즐거움, 그 성찰의 몸부림은 멈출 수가 없다.

그날 밤 홍조를 띤 얼굴
기다란 가방을 어깨에 메고서
하얀 미소를 보이며 들어선 남자

적막을 깨고 들어선 그 얼굴엔

한잔 술의 얼큰함과
일상에 찌든 피곤함이 묻어 있었습니다

초보 마담의 서투른 솜씨
장식이 없는 엉성한 과일쟁반
촌스러움도 탓하지 않고
제값을 다 계산하고 간 그 남자였습니다

그날 밤이 생각납니다
세상물정 모르는 마담을 이해한 듯
하얀 미소를 남기고 간 그 남자의
고마운 마음이 생각나는 오늘 밤입니다

—「그날 밤」 전문

이 시는 시인이 경영하는 카페에 찾아온 '어떤 손님'을 대상으로 하여 씌어졌다. 시적 정황으로 보아서는 카페를 개업한 지 얼마 되지 않아 있었던 사건인 것 같다. 하루에도 불특정 다수의 발자국과 양면성의 미소가 떠도는 작은 공간에서 그 남자가 기억 속에 남아 있다는 것은 심정적인 교감 때문이었을 것이다.

그때의 상황을 진술하기를 "세상물정 모르는 마담을 이해한 듯"이라고 간결하게 표현했다. 그리고 그는 하얀 미소를 남기고 떠났다고 했으니 대화의 순간은 지극히 짧았을 것이다.

그날 밤의 상황을 유추하면서 심리적인 면을 분석해

보면, 어쩌면 엇비슷한 사연을 가지고 대화의 주제로 삼았을 수도 있고, 동변상련의 아픔을 교감하면서 내일을 위한 길의 방향을 묻고 답하고 하였는지도 모른다.

심리학자들의 말을 빌리면, 현대인들의 고뇌는 본질적으로는 다 동일하다고 한다. 현대인들의 고뇌가 동일하다는 것은 인간에게 길을 물어도 시원한 해결책을 기대할 수 없다는 서글픔을 안겨준다. 인생과 죽음에 대하여 깊이 고뇌한 학자나 종교인들을 만나면 행복으로 걸어가는 길의 입구를 어렴풋이나마 알려주지만, 삶의 길을 걷는 발걸음을 잠시 가볍게 할 뿐, 근본적인 처방은 되지 못하는 것이다.

시인도 이 작품에서 '하얀 미소' 의 그 존재를 기억한다. 그 손님을 기억하고 있다는 것은 무엇을 말하는가. 소통하고 교감할 수 있는 한마디를 남겨놓고 떠났다는 의미로 해석할 수 있다.

처음 만나는 사람도 오랜 친구 같이 가슴속에 남게 되는 이유는 무엇인가. 동일한 시대에 태어나 가슴속에 아픔을 간직한 사람들이기 때문이다. 시인은 그의 현실에 대한 거부의 몸짓이 애처롭거나 아니면 삶에 대한 애착이 강하였던 그 눈빛이 평범하지 않았다는 것을 '하얀 미소' 로 묘사하고 있는 것이다.

그가 훗날 카페의 단골고객이 되었는지, 아니면 그날 밤 그 인연이 처음이자 마지막이었던지 간에, 서로가 교감하게 되면 대화의 주제는 '인생길' 로 이어지는 공통점이 있다. 어떻게 하면 좀 더 푸르고 푸른 행복의 숲을 노래하며 걸을 수 있는가 하는 것이다.

그러나 사람이 사람에게서 가슴 탁 트이는 명쾌한 답을 얻기는 오랜 수도생활을 거쳐 화두 하나를 깨우치는 것만큼 어려운 것이다.

그곳에 가고 싶다
지독하게 추워서 외로웠던 날
무작정 달려서 도착한 그곳에

동그란 몽돌
바다와 해풍이 반겨주었던 그곳
그 몽돌들의 무덤가에 내 자리

그곳에 가고 싶다
몽돌이 나를 기다리는 그곳에
영원히 돌아오고 싶지 않은 마음으로

나는 살고 싶다
내 마음을 닮은 몽돌과 함께
그곳에서 행복하게 살고 싶다

—「그곳에 가고 싶다」 전문

이정희의 고독이나 목마름은 인생 불혹을 지난 후에 찾아온 피할 수 없는 불청객일 수 있다.

환경의 변화나 삶의 피곤이 몰려올 때에 그것을 헤쳐 나가는 방편은 사람들마다 다르다. 예를 들어서 낯선 곳에서 길을 찾는 것도 그렇다. 무조건 지나가는 사람들을 붙들고 물어서 해결하는 사람이 있는가 하면, 시간이 걸리더라도 자신의 힘으로 혼자 해결하는 고집불통의 성격도 있다.

화자가 중년 이후, 행복으로 가는 진정한 길을 깨닫기 위해 선택한 방법은 전국을 떠도는 여행인 것 같다. 사찰을 찾아 명산을 떠돌고, 바다를 찾아가고 하는 행위는 단순히 삶의 스트레스를 해소하려는 차원은 아니다. 지난 세월과 추억을 반추하면서 무엇인가 새로운 길을 찾고 있는 적극적인 행위로 이해된다.

여자로 태어났지만, 현재의 삶과 앞으로 다가올 죽음에 대한 공포를 연결시키면서 삶의 흔적을 아름답게 남기고 가는 최선의 방법을 모색하려는 처절한 몸부림, 돌파구 찾기인 것이다. 문단에 데뷔하여 시를 쓰는 예술적 창작 행위도 무의미한 삶에서 의미 있는 삶으로 자아 존재의 위치와 소속을 변화시키고 싶은 심적 욕구가 성취한 하나의 사건이다.

위의 시를 보면 지독하게 추운 날, 그는 바닷가를 찾았다. 그것도 '무작정 달려간 곳' 이라고 표현하고 있다. 그곳에서 만난 '몽돌' 은 시인에게 작은 기쁨과 깨달음을 주고 있다.

파도가 쳐도, 바람이 불어도, 주어진 현실에서 꿋꿋이 버티고 있는 야무진 몽돌, 그것은 화자가 꿈꾸는 사랑이기도 했고, 인내의 침묵이기도 했고, 현실에 적응하는 방편이기도 하였기 때문에 시의 결미에서 '내 마음을 닮았다' 고 고백한다.

이 작품에서 이정희는 몽돌을 말 못하는 사물이 아니라 불변의 인격을 지닌 고상한 사람으로 의인화시켜 인식하고 있다. 물론 감성적 상상력일 수도 있을 것이다. 화자가 간절히 찾고 있는 것은 몽돌 같은 사람일 수도 있고, 파도에 휩쓸려가지 않는 불변의 사랑일 수도 있다.

몽돌은 자신이 위치한 자리를 굳게 지키고 있지만, 인간은 그렇지 못하다. 아름다운 사랑도 시간이 흐르면 음식이 상하듯 변하게 되고, 불신의 곰팡이가 피게 되고, 그것을 믿고 취하였다가 예상치 못한 복통으로 뒹굴게 된다.

이정희는 이곳 해변가, 말 못하는 몽돌에게서 불변의 삶이나 사랑에 대한 화두, 깨달음을 얻었다. 사물(몽돌)을 바라보며 마음으로 묻고, 마음으로 깨우치는 과정이지만, 그 기쁨은 가슴속 체증을 뚫어주면서 한 편 시로 형상화되는 특이한 체험을 구축한다.

3. 부처에게 길을 묻다

시인은 여러 작품에서 '나그네' 라는 단어를 즐겨 사용하고 있다. 나그네라는 표현은 인간으로 태어나 무거운 짐을 지고 자기가 걸어갈 길을 찾아 헤매고 있는 목마른 자아에 대한 인식의 단정이다.

길이란 한문에서는 '도(道)' 라고 표시되어 있다. 곧 길을 묻고 있다는 것은 '도(진리)' 를 깨우치고 싶은 간절한 염원을 나타내고 있지만 길을 찾는 것도, 도를 깨우친다는 것도 쉬운 일이 아니다.

인생은 생즉도(生卽道), 생즉행(生卽行)이다. 산다는 것은 곧 길을 가는 것이고, 그 길을 가는 법칙은 정도(正道), 정행(正行)이어야 하기 때문이다.

길에서 길을 물었다
지금
나는 어디로 가고 있는지

부처님께 여쭈었다
왜 그토록 부처님께 절절하게 하소연하며
기대어 얻고자 하였는지

길에서 길을 물었다
무릎이 벗어져 까지도록 절하며 합장했던
내 소원은 무엇이었느냐고

그리고 지금 얻은 것은 무엇이며
나는 왜 이렇게 되었는지
홍련암에서 흘리는
이 눈물의 의미는 무엇이냐고
묻고 또 물었다

길 한가운데 서서…

―「길에서 길을 물었다」 전문

일평생 '무소유(無所有)'의 삶을 추구하면서 수도자의 길을 걷다가 열반에 든 법정 스님의 최후를 우리는 보았다. 살아서도 무소유의 길을 걸었고, 이승을 떠나는 마지막 길에서도 '비구 법정'이라는, 한줌 흙으로 돌아갈 법체(法體)의 존재를 밝히는 명패 하나만 들고 먼 길을 떠나가는 감동을 남겼다.

자신이 깨달은 길이었기에 행하였고, 수많은 불자들에게 크나큰 감동을 주었지만, 법정 스님에게도 부처에게 길을 물으며 고뇌의 눈물을 쏟았던 과거적 경험은 있었을 것이다.

이정희 역시 길에서 길을 묻고 있다.

한 여자로 태어나 결혼하고, 자녀를 생산하고, 현모양처로 평범하게 살아오던 그가 불혹을 지나 삶의 방향을 전환하여 시인이 되었고, 카페를 경영하기까지 그가 묻고 있는 길이 무엇인지는 구체적으로 명시되어 있지 않다. 그러나 유추해 보건데 멋진 삶에 대한 애착이 강하기 때문인 것 같다. 그 가슴속에서는 물질과 쾌락으로 채울 수 없는 허무와 공허의 바람이 세차게 불고 있기 때문에, 무릎이 벗겨지고, 눈물을 펑펑 쏟으며 인생 마지막으로 밟아야 할 길에 대하여 묻고 있는 것이다.

이 시의 제목은 참으로 멋지다.

'길에서 길을 물었다'. 여기에서 '길'은 일반적인 도로라고 생각할 수만은 없다. 길은 곧 삶과 진리를 상징하기 때문에 '아직 살아 있어 길을 물었다'라고 수정할 수 있을 것이다. 죽은 자는 침묵할 뿐 길을 묻거나 때늦은 후회는 용납되지 않기 때문이다.

마지막 귀결에서 "길 한가운데 서서…"라고 시인은 고백한다. 삶의 절정을 표현하는 동시에 삶과 죽음을 관계 지어 깊이 생각하는 시인의 특성이 노출되고 있다. 동시에 앞으로 길을 묻는 기회가 그리 많지 않다는 것을 은유적으로 함축하고 있는 독특한 마무리로 보인다.

눈물을 흘리며 길을 묻고 있는 화자의 가슴속에 들려준 부처의 메시지는 무엇이었는지 알 수가 없지만, 세월에 쫓겨 길을 묻고 있다는 그 자체만으로 앞으로 펼쳐질 심상 혹은 시세계가 기대가 된다.

수락산 정상으로 가는
작은 오솔길
작년에 흩날린 낙엽의 무덤
밟으면 사그락 소리 낭만의 코끼리

오르막엔
날개 달아 훨훨 날아가고
내리막에선
가볍게 짚어지고 뛰어가는 코끼리

용굴암 부처님
반겨주는 눈빛에서 소망이 이루어지고
정성 담긴 백팔 배
송알송알 맺혀 흐르는 땀방울에
업(業) 씻겨 내린다
팔자소관 탓하지 말고

미인박명에 눈물도 흘리지 마라
전생에 지은 죄 업보 많아
고통은 현세에서 닦고
후세에 복 받으라 하시네

—「백팔 배에 맺힌 땀방울」 전문

이 시에서도 삶에 대한 고통의 배낭을 짊어지고 수락산을 찾아 부처님 전에 절하며 묻고 있는 간절한 모습이 선명하게 다가온다.

산행을 하는 것만으로 힘들 때가 있는데 시인은 가는 곳곳 사찰이나 암자를 찾아서 백팔 배의 정성을 올린다. 그때그때마다 향불 피워 올리는 소원도 다르고, 내면의 질문도 다르고, 허공에서 들려오는 부처의 세미한 음성도 다를 것이다.

여기에서 평자가 주목하고 싶은 것은 신앙적인 행위이다. 사찰이나 암자가 보이기만 하면 백팔 배를 올리며 번뇌를 떨치는 행위는 시인의 작품세계와도 연결된다고 판단된다. 신앙적 행위가 삶을 유지하는 한 형식이라면, 시를 짓는 것도 삶을 유지하는 형식이 된다. 사물이나 사건에 집중하는 경건함이나 진리적 깨달음이 이미지 속에 내포될 것은 자명하기 때문이다.

이정희의 시는 시적 구성이나 이미지로 형상화하는 기교면에서는 미숙한 것 같아도 사물이나 사건을 바라보는 진솔한 시선은 예리하고 깊이가 있다.

이 시의 결론에서 보면 고승의 훈계 같은 몇 마디가 위로의 손수건으로 독자들에게 다가온다.

“전생에 지은 죄 업보 많아 / 고통은 현세에서 닦고 / 후세에 복 받으라 하시네”

금방 부처님께 절하여 얻는 깨달음인 것 같이 진술되었다. 불심 깊은 보살이라면 누구나 알고 있는 진리이지만, 그 진리가 시의 옷을 입고 모습을 드러낼 때는 감동의 파장이나 울림의 여운에 있어 효과가 다르다.

불교는 백팔번뇌를 말한다. 백팔번뇌란 인간이 당하고 해결해야 할 고뇌가 끝이 없다는 것을 상징하고 있다. 시인은 그것을 ‘업(業)’ 때문이라고 단정하고 있다.

선한 원인을 지으면 선한 결과가 생기고, 악한 원인을 지으면 악한 결과가 생긴다는 법을 인식하고 있는 것도, 길에서 묻고 깨달은 진리일 것이다. 인과업보의 진리를 깨닫는 불자들은 미움이나 원망도 소멸시킬 수 있다. 자신에게 고통을 주는 원수 같은 사람도 자신의 업을 청산하기 위하여 부처께서 보내주신 유익한 존재로 받아들여 사랑하기 때문이다.

4. 자문자답 형식의 마무리

화자의 두뇌 속은 매우 복잡하다. 미로같이 실핏줄이 얽혀 있을 때는 스스로 교통정리가 되지 않고, 날카롭게 찔러오는 고뇌의 두통에 시달릴 때는 일상을 뒤로하고 무작정 길을 떠난다.

경영하는 카페에서 다양한 의식의 소유자들을 만나

고, 길을 떠나 대자연을 만나고, 고요한 시간 산사에서 부처를 만나고, 그리고 묻고, 깨닫고, 이해하고, 수용하면서 시를 쓴다.

시로 형상화되는 과정은 어느 정도 정리가 된 갈등의 마무리 단계이기 때문에 작품 속에서 교감하는 이정희는 위장이 없어 투명하다. 허상이 아닌 실체일 수밖에 없다. 어떤 대상을 향한 진실성과 시인의 진실성이 하나로 결합되어 이미지로 그려지고 시가 되기 때문이다.

늦은 밤
가로등 불빛 아래서
내 발등으로 떨어지는 느낌표 하나

하나, 둘, 셋, 넷, 다섯
찬 바람이 휘잉 불고 지나간다
왜 이렇게 서 있는가

외롭다
지독하게 외로운 겨울바람이 지나간다
붙잡아볼까

아니다
그냥 지나가게 놔두자
내 힘으로 되는 건 아직 없으니까

—「가만히 놔두자」 전문

위의 시는 고통이나 갈등이 어느 정도 수습된 후에 씌어진 것 같다. 왜냐하면 자아 깨달음에 대한 관념이나 철학이 내포되어 있기 때문이다.

2연에서는 고독에 대한 심각성을 하나, 둘, 셋, 넷, 다섯으로 표현하며 찬 바람이 불고 지나간다고 표현하고 있다. 바람은 하나뿐일 터인데 다섯으로 구분하여 세밀하게 묘사한 시적 기교가 돋보인다.

3연에서는 겨울바람으로 상징된 존재를 "붙잡아볼까" 하고 자문자답의 형식을 취하여 시를 전개하고 있다.

4연에서는 "아니다 / 그냥 지나가게 놔두자 / 내 힘으로 되는 건 아직 없으니까" 하고 마무리한다. 이 시에서 등장하는 '바람' 은 자신이 붙잡고 싶은 어떤 대상이나 욕구를 상징하고 있다.

그러나 '가만히 놔두자' 는 여유는 길을 찾으면서 묻고 깨달은 의식의 결정체, 의문에 대한 답을 현실화하고 있다.

자신의 힘으로 되지 않는 세상이라는 것을 깨닫기까지 시인은 외롭고, 고독했고, 현실에 부는 바람은 견디기 어려웠다. 왜냐하면 바람을 잡으려고 발버둥친 어리석은 존재가 자신이라는 것을 인식하고 있기 때문이다.

오늘도 바람을 붙잡으려고, 억지로 붙잡으려고, 몸부림치는 사람들이 대부분이지만, 허공의 손짓으로 자유하는 바람을 붙잡으려고 하는 사람처럼 어리석고 불행한 존재는 없다. 인연이 다하여 멀어져가는 사랑이 돌아오지 않는다고, 소중한 목숨을 스스로 버리는 것은 얼마나 어리석은 행위인가.

이 작품에서 깨우친 진리는 멋지다. 가만히 놔두어도

자기 것이 되는 것은 되고, 자기 복이 될 것은 반드시 된다는 것이다. 이런 명쾌한 진리 하나를 붙들기 위해서 사람들은 길 위에서 우왕좌왕 방황한다. 현실에 찾아오는 복이든지 화(禍)이든지, 피하여 숨고 달아나지 말고 때로는 두 손 모아 기도하거나 엎드려 침묵할 필요가 있을 것이다.

가만히 놔둔 옹달샘은 흙탕물이 가라앉아 맑은 샘이 되듯이, 무아(無我)의 경지에 도달하는 삶을 통하여 불꽃같이 치솟는 번뇌를 다스려야 한다는 메시지가 행간에서 들려온다.

독자들은 이 시를 읽으면서 자신의 삶에 비추어 적응 가능성을 타진하거나 깊이 재해석하려는 시도를 할 것 같다.

가도 가도 끝없는 세상
내 마음속에서 뱅뱅뱅 돌고, 돌고
소리도 냄새도 뜻도 모르는 사람들
안 들리는 소리, 안 보이는 세상

보지도 말고
듣지도 말고
불평도 말고
안 들리는 소리, 안 보이는 세상 인생
그냥 살아보자, 살아보자

—「뜬구름 같은 인생」 부분

위의 시에서도 평화로운 모습의 시인을 만나게 된다. 이 세상을 뜬구름 같다고 정의하고 있어, 현실을 기피하거나 집착에 시달리던 때와는 전혀 다른 모습을 보여주고 있다.

'뜬구름' 이라는 단어 속에서는 '허무' 가 포착되고 있다. 탐욕을 가슴에 품고 자신이 원하는 인생길을 찾던 시인은 어느 정도 탐욕에 대하여 해탈의 경지에 이른 것 같다. 물론 수도자가 아니니 깊은 진리를 깨닫지는 못했겠지만, 인간의 탐욕에 대하여 일부분 해탈할 수 있었다는 증거가 작품 속에서 탐색되고 있다.

'그냥 살아보자' 이다. 보지도 말고, 듣지도 말고, 불평도 말고, 그냥 살아보자.

여기에서 표현된 '그냥 산다' 는 것은 되는대로 산다는 뜻은 아니다. 어떤 현실이든지 적응하겠다는 것이다. 고통의 바람이 강하게 부는 것에 대하여 불평하거나 저항하지 않고, 진리에 순응하면서 미래를 향하여 올곧게 걸어가겠다는 겸손과 성찰의 의지가 내포되어 있다.

이정희가 길 위에서 깨달은 진리는 '가만히 놔두자' 그리고 '그냥 살아보자' 이다.

시인이 외치는 심오한 목소리가 불평불만으로 목마른 독자들에게 현실을 극복하는 한 잔 생수가 되기를 기대해보면서, 인연 닿는 독자들의 일독을 권한다.

그대는 물새와 소꿉놀이하다가
그리고 잊었다가 잊었다가
아련한 추억이 가물거리면
나를 생각하겠지요